Esto es lo que
quiero ser

Policía

Heather Miller

Traducción de Carlos Prieto

Heinemann Library
Chicago, Illinois

Customer Service 888-454-2279
Visit our website at www.heinemannlibrary.com

Designed by Sue Emerson, Heinemann Library
Printed and bound in the United States by Lake Book Manufacturing, Inc.

07 06 05 04 03
10 9 8 7 6 5 4 3 2 1

Library of Congress Cataloging-in-Publication Data
Miller, Heather.
  [Police officer. Spanish]
  Policía / Heather Miller.
      p. cm. — (Esto es lo que quiero ser)
Includes index.
Summary: A simple introduction to the equipment, uniform, daily duties,
and other aspects of the job of a police officer.
  ISBN 1-40340-381-3 (HC), 1-40340-603-0 (Pbk)
  1. Police—Juvenile literature. 2. Law enforcement—Vocational guidance—Juvenile literature.
[1. Police. 2. Occupations. 3. Spanish language materials] I. Title.
  HV7922 .M4818 2002
  363.2'023'73--dc21

                                                                    2002068676

Acknowledgments
The author and publishers are grateful to the following for permission to reproduce copyright material:
p. 4 Scott Barrow/International Stock; p. 5 EyeWire Collection; pp. 6, 11 Mark C. Ide; pp. 7L, 20 Bob Daemmrich/Stock Boston; p. 7R Elena Rooraid/PhotoEdit; p. 8 Corbis Stock Market; p. 9 Richard Hutchings/Photo Researchers, Inc.; p. 10L Roy Morsch/Corbis Stock Market; p. 10R DiMaggio/Kalish/Corbis Stock Market; pp. 12, 13 Scott Braut; p. 14 Table Mesa Productions/Index Stock Imagery, Inc.; p. 15 A. Ramey/PhotoEdit; p. 16 Michael Heller/911 Pictures; p. 17 Chuck Szymanski/International Stock; p. 18L David R. Frazier/Photo Researchers, Inc.; p. 18R Mark E. Gibson/Mira.com; p. 19L Scott Alfieri/Getty Images; p. 19R Phil Martin/Heinemann Library; p. 21 Linda Phillips/Photo Researchers, Inc.; p. 23 (row 1, L–R) David Woods/Corbis Stock Market., Richard Hutchings/Photo Researchers, Inc., Mark E. Gibson/Mira.com; p. 23 (row 2, L–R) Don Farrall/PhotoDisc, Mark C. Ide, Chuck Szymanski/International Stock; p. 23 (row 3, L–R) Mark C. Ide, A. Ramey/PhotoEdit, Roy Morsch/Corbis Stock Market; p. 23 (row 4, L–R) DiMaggio/Kalish/Corbis Stock Market, Corbis Stock Market, Corbis Stock Market

Cover photograph by Bill Fritsch/Brand X Pictures
Photo research by Scott Braut

Every effort has been made to contact copyright holders of any material reproduced in this book. Any omissions will be rectified in subsequent printings if notice is given to the publisher.

Special thanks to our bilingual advisory panel for their help in the preparation of this book:
Anita R. Constantino   Argentina Palacios   Ursula Sexton
Literacy Specialist   Docent   Researcher, WestEd
Irving Independent School District Bronx Zoo   San Ramon, CA
Irving, Texas   New York, NY

Aurora García Colón   Leah Radinsky
Literacy Specialist   Bilingual Teacher
Northside Independent School District   Inter-American Magnet School
San Antonio, TX   Chicago, IL

We would also like to thank Officer John Radabaugh of the Delaware, Ohio, Police Department for his help in the preparation of this book.

Unas palabras están en negrita, **así**.
Las encontrarás en el glosario en fotos de la página 23.

Contenido

¿Qué hacen los policías?

Los policías nos protegen.

Nos ayudan a cruzar la calle.

Los policías ayudan cuando
hay un problema.

Este policía está ayudando
en un **accidente.**

¿Cómo es el día de un policía?

Los policías hacen patrullas.

Miran a ver si hay problemas.

Los policías ayudan a los que
se pierden.

Escriben informes en la estación
de policía.

¿Qué equipo usan los policías?

gafete

placa

Los policías se ponen **uniformes**.

La **placa** y el **gafete** nos dicen quiénes son.

Cuando **dirigen el tránsito** se ponen guantes blancos.

Así los conductores de carros ven a los policías.

¿Qué herramientas usan los policías?

Los policías se hablan por **radioteléfono.**

En las **radiopatrullas** usan **computadoras.**

Este policía está usando un **láser**.

El láser le muestra qué tan rápido va un carro.

¿Dónde trabajan los policías?

Los policías trabajan en estaciones de policía.

Unos pueblos sólo tienen una estación de policía pequeña.

Las ciudades grandes tienen muchas estaciones de policías.

En esas estaciones hay mucho trabajo.

¿Trabajan en otras partes?

A veces los policías trabajan en escuelas.

Enseñan a los niños cómo protegerse.

Los policías trabajan en aeropuertos y en estaciones de tren.

Estos policías trabajan en la playa.

¿Cuándo trabajan los policías?

Hay policías trabajando todo el tiempo.

Unos policías trabajan de día y otros trabajan de noche.

Los policías corren a ayudar.

Siempre tienen que estar listos.

¿Qué clases de policías hay?

Los **policías de guardia** recorren las calles a pie.

Los **patrulleros** recorren las calles en **radiopatrullas**.

La **policía montada** tiene caballos.

También hay policías en bicicleta.

¿Dónde aprenden los policías?

Los policías estudian en escuelas especiales.

Asisten a clases y estudian.

Hacen ejercicio para ser fuertes.

A los policías les gusta ayudar
a los demás.

Prueba

¿Recuerdas cómo se llaman estas cosas?

Busca las respuestas en la página 24.

? ? ?

Glosario en fotos

accidente
página 5

dirigir el tránsito
página 9

patrullero
página 18

placa
página 8

láser
página 11

radiopatrulla
páginas 10, 18

policías de guardia
página 18

policía montada
página 19

radioteléfono
página 10

computadora
página 10

gafete
página 8

uniforme
página 8

23

Nota a padres y maestros

Leer para buscar información es un aspecto importante del desarrollo de la lectoescritura. El aprendizaje empieza con una pregunta. Si usted alienta a los niños a hacerse preguntas sobre el mundo que los rodea, los ayudará a verse como investigadores. Cada capítulo de este libro empieza con una pregunta. Lean la pregunta juntos, miren las fotos y traten de contestar la pregunta. Después, lean y comprueben si sus predicciones son correctas. Piensen en otras preguntas sobre el tema y comenten dónde pueden buscar la respuesta. Ayude a los niños a usar el glosario en fotos y el índice para practicar nuevas destrezas de vocabulario y de investigación.

Índice

Respuestas de la página 22

gafete

placa

uniforme